Début d'une série de documents
en couleur

COMTE DE MARSY

LES LOISIRS D'UN MINISTRE PRISONNIER

ANALYSE D'UN MANUSCRIT DE HENRI DE LOMÉNIE
Comte de Brienne

ARCIS-SUR-AUBE
IMPRIMERIE LÉON FRÉMONT, ÉDITEUR
de la Revue de Champagne et de Brie

1886

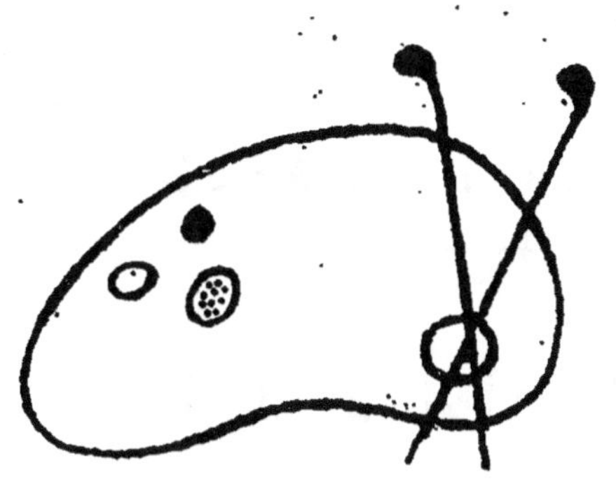

Fin d'une série de documents
en couleur

Offert à la Bibliothèque Nationale
Marsy

COMTE DE MARSY

LES LOISIRS

D'UN

MINISTRE PRISONNIER

ANALYSE D'UN MANUSCRIT DE HENRI DE LOMÉNIE

Comte de Brienne

ARCIS-SUR-AUBE
IMPRIMERIE LÉON FRÉMONT, ÉDITEUR
de la Revue de Champagne et de Brie

1886

Extrait de la « Revue de Champagne et de Brie »

1886

LES LOISIRS D'UN MINISTRE PRISONNIER

Analyse d'un Manuscrit de Henri de Loménie, comte de Brienne.

Fils et petit-fils de ministres, Louis-Henri de Loménie, comte de Brienne[1], eut une destinée des plus accidentées : secrétaire d'État en survivance à quinze ans, en 1651, appelé à en remplir les fonctions à vingt-trois, il fut disgrâcié en 1663, perdit prématurément une femme qu'il chérissait, et se retira à l'Oratoire. Mais, au bout de peu de temps, sa conduite forçait le général de cette congrégation à le prier de quitter l'habit, au moment où il venait de recevoir le sous-diaconat. Menacé d'arrestation à la demande de sa famille, à la suite de plaintes formulées contre lui, dans lesquelles il était question de vin, de jeu, de femmes, Brienne se sauva et alla chercher, auprès du duc de Mecklembourg, un refuge que celui-ci refusa de lui assurer longtemps. Rentré en France, il fut d'abord obligé de se retirer à l'abbaye de Saint-Germain-des-Prés, puis, des lettres de cachet le firent enfermer d'abord à Saint-Benoit-sur-Loire, ensuite à Saint-Lazare, où il resta dix-huit ans.

Considéré en quelque sorte comme fou, pendant toute cette période, ce fut seulement, sous le ministère de Pontchartrain, à la suite d'interrogatoires passés devant le lieutenant civil Le Camus, que sa raison et sa santé furent déclarées en état suffisant pour qu'il ne fût pas donné suite à la demande d'interdiction formulée par ses parents et que Louis XIV accorda à son ancien ministre l'autorisation de se retirer à

1. Né le 3 janvier 1636, marié en 1656 à Henriette Bouthillier, fille du comte de Chavigny, ministre et secrétaire d'État, veuf, sans enfants, en 1664, mort le 17 avril 1698, à l'abbaye de Saint-Séverin de Château-Landon.

Le titre de comte de Brienne avait été apporté en 1623, à son père, Henri-Auguste de Loménie (1595-1666), par son mariage, avec Louise de Béon, fille de Bernard, seigneur du Massès, gouverneur de Saintonge et de Louise de Luxembourg-Brienne.

l'abbaye de Château-Landon, où il mourut au bout de quelques années.

Pendant cette longue réclusion, réclamée autant par le gouvernement que par ses proches, Brienne se livra avec passion à la poésie. « S'il y perdit la raison, et dit Barrière, il n'en faut pas tant pour la perdre, il n'y perdit du moins, ni l'esprit, ni la mémoire, ni l'art de raconter avec grâce les souvenirs de sa jeunesse. »

Dessinateur habile et grand collectionneur d'estampes, bon musicien, le ministre disgrâcié avait de tout temps beaucoup aimé et cultivé les lettres et il a laissé un grand nombre d'écrits, en partie seulement imprimés de son vivant[1]. Ses *Mémoires*, publiés par Barrière[2], fourmillent d'anecdotes sur la fin du règne de Louis XIII et la première moitié de celui de Louis XIV. Ami de nombreux écrivains, tels que Gomberville, Maucroix, La Fontaine et Boileau, admirateur passionné de Mademoiselle de la Vallière[3] et plus tard de Madame Des Houlières, Brienne se livra avec ardeur à la poésie et écrivit des compositions latines et françaises, dont le nombre ne remplace pas la qualité. Comme l'a dit justement l'éditeur de

1. *L. H. Lomenii, Brienna comitis, Itinerarium*, 1660, in-12 (relation de son voyage en Suède et en Allemagne). — *Gabr. Madeleneti Carminum libellus*, Paris, 1662, in-12. — *De Pinacotheca sua*, Paris 1662, in-8°. — *Institutions divines de Jean Tauler*, Paris, 1665, in-8° et 1668. — *Remarques sur les Règles de la Poésie française*, à la suite de la 7e édition de la *Nouvelle méthode latine*, de Port-Royal, 1667. — *Recueil de poésies chrétiennes et diverses*, Paris, 1671, 3 vol. in-12. — *La vie et les révélations de Sainte Gertrude*, Paris, 1673 in-8°. — La *Biographie* de Didot donne, en outre, une liste de ses œuvres manuscrites, dans laquelle ne figure pas le volume, motif de cet article.

2. *Mémoires inédits de Louis Henri de Loménie, comte de Brienne, secrétaire d'Etat sous Louis XIV*, publiés sur les manuscrits autographes avec un essai sur les mœurs et sur les usages du XVIIe siècle, par F. Barrière. Paris, Ponthieu, 1828, 2 vol. in-8°. — L'auteur de l'article sur Brienne, dans la *Biographie* de Didot, cite une première édition de ce livre imprimée à Amsterdam en 1720, en 2 vol. in-12. Barrière n'en avait pas eu connaissance, je l'ai vainement demandée dans plusieurs bibliothèques et je crois qu'il y a double emploi avec la publication des mémoires de son père, Henri-Auguste, faite en 1717 et 1723, à Amsterdam, en 3 vol. in-12. Peut-être quelque libraire aura-t-il cherché à écouler des exemplaires incomplets de la première édition, en attribuant au fils, l'œuvre du père. C'était, on le sait un procédé alors fort répandu.

3. Voir, dans les *Mémoires* (T. II, p. 166-172), les détails relatifs au portrait exécuté, par Lefebvre, pour Louis XIV, de Mademoiselle de la Vallière, en Diane, avec Brienne en Actéon.

ses Mémoires, sa pensée, qu'il renfermait avec grâce dans la mesure d'un vers latin, reste privée, dans les vers qu'il a composés en français, de chaleur, d'élégance et même de correction. Aussi, comprend-on le sentiment de Boileau, qui mettait comme condition de ses visites qu'il ne lui réciterait pas de ses poésies, et volontiers répéterait-on avec Brienne, lui-même :

> Le vain plaisir de la rime
> M'a seul rendu criminel.

Malgré cette critique sévère et que nous croyons juste, nous avons pensé qu'on ne lirait pas sans intérêt l'analyse d'un recueil manuscrit, composé par Brienne, pendant sa réclusion, et dans lequel il a réuni un certain nombre de pièces d'un père de la Congrégation de la Mission, Jacques de la Fosse, poète latin, mort à Sedan, dont le nom paraît avoir échappé à tous les biographes.

Ce manuscrit, dont nous avons fait il y a quelques années l'acquisition, est un in-quarto, d'environ quatre cents pages, mais dont la pagination est fort irrégulière et dont plusieurs feuillets ont été arrachés, quelquefois par Brienne lui-même. Il comprend non-seulement les pièces inédites de Jacques de la Fosse, mais quelques autres pièces assez courtes de ses amis et diverses introductions et compositions à la louange de ce missionnaire, dues à Brienne. Plusieurs pièces imprimées contemporaines, la *Vitis egloga*, de Huet, etc., ont été introduites dans ce recueil.

Malgré le peu de goût que nous éprouvons pour la poésie latine du XVIIe siècle, il y a, pensons-nous, un certain intérêt à faire connaître la liste complète des pièces que comprend ce manuscrit, principalement à cause des noms des personnages auxquels plusieurs sont dédiées et du sujet de quelques autres, pièces de circonstances relatives à des évènements dont Troyes, Sedan, etc., ont été le théâtre.

Le manuscrit de Brienne est entièrement autographe, quoique écrit de deux corps différents qui alternent sans que l'on sache pour quel motif, souvent même au milieu d'une pièce. L'un est fin, serré, et peut presque, pour sa correction et sa régularité, lutter avec un texte imprimé, l'autre, au contraire, est lache, orné de fioritures et d'enjolivements.

Dans un certain nombre de pièces dont il était l'auteur, Brienne a indiqué des variantes, et son manuscrit porte le trace de surcharges et de corrections.

Le recueil paraît avoir été écrit en entier pendant les années 1680 et 1681. L'une des dernières pages porte, avec la signature : *Lud. Henr. Lomenius Breonæ ad Albam comes*, dans un paraphe qui semble plutôt appartenir à un maître d'écriture qu'à un ministre de Louis XIV, ces mots : *Absolutum XII Kal. Novembris anni MDCLXXXXI*. Mais, il y a évidemment un X de trop; plusieurs autres pièces, qui ne précèdent celle-ci que de quelques pages, portant différentes dates de 1681.

Le titre du manuscrit est :

Jacobi de la Fosse, V. C. Congregationis Missionis Galliæ Presbyteri, Poet. Laureat.; et Rethoris Elegantissimi POEMATA SELECTA, *accurante Lud. Hen. Lomenio, Briennæ ad Albam comiti, nuper Regi Christianiss. ab actis, consiliis et epistolis, ac Primicerio Notariorum Regni Franciæ, dehinc Cong. Orat. D. N. J. C. subdiacono-sodali, nunc demum, in S. Lazari Parisiensis Domo convictorum captivo moestissimo. Anno à Christo nato MDCLXXXI, captivitatis vero suæ VII.* Et au-dessous, dans un paraphe, la maxime *Decus unde dedecus*[1].

Le livre commence par une dédicace latine de Brienne : *Piis manibus Jacobi Fossaei, amici cariss. et colendiss. nuper apud Sedanenses vita functi.*

Dans ce morceau, écrit en prose latine, Brienne passe en revue les différents ouvrages de J. de La Fosse. Il explique qu'ils lui ont été autrefois donnés à Sedan, par le P. Firmin Get, supérieur de la Mission, et manifeste le plaisir qu'il éprouve à les corriger et à les remettre en ordre. Il déplore la perte de plusieurs d'entre eux : *Fama, Tinea, Vita*, etc.

A la suite vient une ode française sous le titre de « Tombeau de M. de La Fosse, prestre de la Mission, excellent poëte lyrique ».

Nous n'en citerons que quelques passages pour donner une idée du style de Brienne :

. . . .
La Fosse n'est plus que cendre.
Mais ses nobles feux éteints
Par la rigueur des destins

1. Sur d'autres de ses manuscrits, Brienne a dessiné un ver-à-soie, avec ces mots : *Inclusum labor illustrat.* (*Mémoires*, T. I, p. 214.)

Ont quelque chose de tendre ;
Que j'aurois peine à comprendre,
Nymphe, si je ne savois
Que les accens de sa voix
Sont d'éternelle durée.
. . . .
En vain la parque cruelle
A mis son corps au tombeau.
Son langage toujours beau
Tient le Parnasse en cervelle [1].
. . . .

Les vers suivants font allusion aux poésies consacrées par La Fosse à l'élévation de croix plantées à Sedan, après la réduction du protestantisme dans cette ville :

C'est là que les croix sacrées
Beau triomphe de ses mains
Sont encore des humains,
Après leur mort, adorées.
Et, des anges révérées,
Occupent l'heureux séjour
Où Dieu tient sa Sainte Cour.
Sedan qui les vit plantées
En dépit des Huguenots
Rend à ces croix si fort vantées
Le culte qu'en tous lieux leur rendent nos dévots.
. . . .
O La Fosse, mon cher maistre
Pourquoy bruslas-tu les vers
Qu'eut admiré l'Univers
Dès qu'il les eut vu paroistre.
Et Dieu t'a puni peut-être
Dans le brazier redouté
De ton trop d'humilité ;
Quelle perte a fait l'Eglise !
C'est comme si l'on brusloit
L'Evangile saint qu'elle prise
Plus que tous les trésors que Crésus assembloit.
. . . .
Adieu donc, mon cher Confrère,
Si ma main t'a mal loué
J'en seray désavoué
Par la Reyne de Cythère
. . . .

1. C'est à cause que ses vers sont fort difficiles à comprendre. (Note de Brienne.)

Ces extraits suffiront pour montrer que, si son cœur inspirait Brienne, la muse ne répondait guère à ses appels et que ses vers ne peuvent être cités qu'autant qu'ils renferment des détails que nous ne pouvons nous procurer autrement.

Dans une autre pièce, intitulée : *Caprice à l'auteur en forme d'épistre impromptu*, placée en tête de deux épitres de La Fosse « stylo Horatiano » (p. 252-255), Brienne nous donne, sur lui et sur les malheurs des dernières années de sa vie, d'assez curieuses appréciations :

Et La Fosse est aujourd'huy
Le seul poëte en ce monde
De qui la muse féconde
N'ayt rien emprunté d'autruy.
J'entends d'Espreaux [1] qui gronde
Et son docte amy Rapin
Qui, pour orner son jardin,
Chose à faire très facile,
Prit tant de vers à Virgile,
A Columelle surtout,
Que de l'un à l'autre bout
Fouragea le bon jésuite.

. . . .

Mais, c'est assez t'ennuyer
Des caprices de ma veine ;
Amy, si ta main hautaine.
Vint mes larmes essuyer
Dans ma prison triste et noire ;
Il est juste que ta gloire
Par les soins que j'en prendray
Fasse le tour de la terre
Durant que me font la guerre
Ceux à qui je parleray
Ailleurs d'un plus aigre style
Que ne fit jamais Lucile

1. Barrière, dans la notice placée en tête des *Mémoires de Brienne*, donne quelques détails sur les relations de celui-ci avec Boileau et publie une lettre non datée de l'auteur du *Lutrin*, dans laquelle ce dernier traite assez sévèrement la manie de Brienne pour la poésie :

« ...Si je fais peu de cas de mes ouvrages, j'en fais encore moins de ceux de nos poëtes d'aujourd'hui, dont je ne puis plus lire ni entendre pas un, fût-il à ma louange. Voulez-vous que je vous parle franchement : c'est cette raison en partie qui a suspendu l'ardeur que j'avois de vous voir et de jouir de votre agréable conversation, parce que je sentois bien qu'il la faudrait acheter par une longue audience pour quantité de vers très beaux sans doute, mais dont je ne me soucie point... » (T. I, p. 208-210.)

Aux Boucherats[1] de son temps.
Si le huitième printemps[2]
Me retrouve à Saint-Lazare,
En cette affreuse maison
Où ma famille barbare
M'a fait coffrer sans raison.
— En attendant que les roses
Sur les buissons soyent écloses,
Je laisse en paix ces tyrans,
Que le Ciel en sa colère
Quand il ne me sçut pis faire,
M'alla choisir pour PARENS.
— Je mettray ma Belle-Mère[3]
Et ma sœur[4] et mes neveux,
(Si je n'ay ce que je veux
Et que m'a promis mon frère)[5]
Alors en si beaux draps blancs
Que, sans changer les visages
De ces prudens personnages,
En mes portraits ressemblans
Ceux qui verront leurs images
Sans doute auront de l'horreur
Des incroyables outrages
Que receut de leur fureur,
Cher Amy, mon innocence,
En ce lieu de Pénitence,
D'où, malgré ses pesans fers,
En mon ennuyeuse chambre
Ce dernier jour de décembre
Ma main t'escrivoit ces vers.

1680. DE LOMÉNIE BRIENNE.

1. Louis Boucherat, comte de Compans, secrétaire d'Etat, plus tard, chancelier de France, mort en 1699, était, par son mariage avec Anne-Françoise de Loménie (1697), l'oncle de Brienne, et ce dernier attribuait à son influence la disgrâce dont il était l'objet.

2. Brienne y resta jusqu'en 1692, c'est-à-dire pendant plus de dix-huit ans, comme nous l'avons dit précédemment.

3. Anne Phelypeaux, veuve du comte de Chavigny, morte en 1694, à 81 ans.

4. Marie-Antoinette, mariée en 1642, à Nicolas-Joachim Rouault, marquis de Gamaches.

5. Charles François de Loménie, évêque de Coutances, mort le 7 avril 1720.

Table des pièces contenues dans le manuscrit des œuvres de J. de La Fosse, transcrit par Brienne et complété par ses soins[1].

1. Piis manibus Jacobi Fossæi (Auctore Lomenie de Brienne), p. 3*-7*.

2. Tombeau de M. de la Fosse, prêtre de la Mission; Ode par Loménie de Brienne (297 vers), p. 8*-24*.

3. *Hymnus* in Divam Lazarum, sanctæ Massiliensis Ecclesiæ proto-præsulem, ad utrasque vesperas; *id.*, ad laudes, etc.[2], p. 1-12.

4. *Hymnus* in S. Isarnum, ad utrasque vesperas, *id*, ad matutinam, etc., p. 12-16.

5. *Hymnus* in S. Ursulam et socias, p. 16-19.

6. *Hymnus* in S. Cannatum, Massiliensem episcopum, p. 19-23.

7. *Hymnus* in S. Ludovicum, episcopum Tholosanum, p. 23-24.

8. *Hymnus* in S. Remigium, archiepiscopum Rhemensem, p. 25-26.

9. *Hymnus* in S. Victorem et socios Massilienses martyres, p. 27-30.

10. *Hymnus* in S. Cassianum, abbatem Massiliensem, p. 30-34.

11. *Hymnus* in S. Cyprianum de Monte-Olivo, episcopum Tolonensem, p. 34-36.

12. In S. Appolloniam, virginem et martyrem, *Ode*, p. 37-40.

13. Renvois à d'autres offices; p. 40-41.

Odarum Sacrarum libri duo.

14*[3]. *Ode* in Dominum Salvatorem nostrum necnon de vivifica salvatoris cena, ad Eminentiss. Card. de Retz, p. 43.

15*. Epistola dedicatoria ad eumdem, p. 44-46.

Odarum sacrarum liber primus. De puero Bethleem.

16-26. Les onze premières Odes de ce livre (p. 47-93) sont consacrées à la vie de N.-S. La douzième a pour titre : « In divam Genovefam virginem. Panegyris lyrica, p. 93-95. » — A la page 313 *bis*, se trouvent près de cinquante vers à intercaler dans l'*Ode* VII.

1. Toutes les pièces dont nous n'indiquons pas l'auteur sont de Jacques de La Fosse; nous avons noté les dates, toutes les fois qu'elles se trouvent dans le manuscrit.

2. Les hymnes pour chaque saint comprennent les différents offices, nous indiquerons seulement le nom du saint, sans en distinguer le nombre.

3. Nous notons avec un numéro d'ordre, mais en le faisant suivre d'une étoile, les pièces arrachées du recueil, mais mentionnées dans la table.

27-31. *Sacrarum odarum liber secundus.* In divum Franciscum Salesium, nuper apotheosi consecratum.

Cinq Odes, dont la dernière est datée du 17 janvier 1668, p. 98-112.

32. Ode VI. In Deiparam assumptam in Cœlos sub cujus auspiciis, sese dicat et consecrat Deo Congregatio Missionis, p. 112-119.

33. Illustrissimo Domino D. Lazaro de Vento, domino de la Baume, protoconsuli Massiliensium, Jacobus de la Fosse, etc.

. Epitre latine en prose, p. 119-121.

Divo Johanni evangelistæ ac theologo typographorum patrono (Ode VII.), p. 121.

34. Ode en grec à Saint-Jean, avec traduction latine, p. 122.

35. In Sanctum Dyonisium areopagitum, Galliarum apostolum. Ode IX, p. 123-124.

36. In cruces solemniter depactas Sedani, munifica Regis pietate. Ode X, p. 125-126.

37. In easdem cruces Sedanenses. Ode XI, p. 126-128.

38. *Parænesis lyrica* ad Sedanenses, cæterosque Heterodoxos, maxime ad ministros. Ode XII, p. 129-132.

39. Excerptum ex epistola D. de Lestocq, sacræ theologiæ professoris Regii apud Sorbonicos, ad quemdam familiarem, p. 132-133. Lettre latine en prose, datée du 5 juillet 1665.

40. In immaculatum Deiparæ conceptum. *Ode* XIII, p. 134.

41. In nativitatem Deiparæ, quasi aurora. *Ode* XIV, p. 134-136.

42. In Divum Franciscum, cujus hæ voces Deus meus et omnia. *Ode* XV, p. 137.

A la fin se trouve la mention : « 18 februarii sacra D. Simeoni Episcopo et martyri, anno MDCLXXXI », qui doit s'appliquer au jour où Brienne a achevé la copie des Odes.

Odæ variæ, carminum lyricorum liber tertius.

43. In Reverendum Patrem Michelin, Trecensem, Barbaria reducem, cujus adminiculo captivi sunt redempti, et per Tricassinam civitatem honorifice deducti, panegyris lyrica, *Ode* I, p. 140-141.

44. In eumdem. Captivorum redemptio potissimus est triumphus, quo stipatus incedit. *Ode* II, p. 141.

45. Honorifica et religiosa captivorum deductio per urbem Trecensem, graphice descripta. *Ode* III, p. 141-144.

46. Ad RR. Patres Religiosos sanctissimæ Trinitatis, invictissimos captivorum assertores et redemptores, parænesis. *Ode* IV, p. 145.

47. Clarissimo viro D. D. Joanni Aguenino Le Duc, priori

Sancti Jacobi, ordinis sanctissime Trinitatis de Redemptione captivorum, Cleri Trecensis legato, proficiscenti Parisios, Deputationis et Legationis ergo, extemporale propempticon et protrepticum *Ode* V, p. 145.

Les cinq pièces qui précèdent, relatives à l'arrivée à Troyes d'un groupe d'esclaves rachetés par les Pères de la Merci, ne renferment malheureusement pas de détails précis sur les cérémonies de leur réception.

48. Ad Illustrissimum Ecclesiæ Principem Harduinum Beaumontium Perefixum, archiepiscopum Parisiensem, in ipsius assumptionem, seu exaltationem, panægyris lyrica. *Ode* VI, p. 145-147.

49. Ad Reverendum Patrem Fæum, Cong. Orat. Presbyt. eximium concionatorem, albis eloquentiæ quadrigis triumphantem, allegorica. *Ode* VII, p. 147-148.

50. In Reverendum patrem Frontonem, nuper denatum. *Ode* VIII, p. 148-150.

51. Nobilissimo adolescenti de Gombault, rusticanti, parænesis extemporalis ut annuales ferias aliquo literarum studio diffindat, p. 150-151.

52. Ad clarissimum juvenem Mereldum, senatorem, *Ode* X *parænetica*, p. 152-155.

Il y a dans cette pièce une telle recherche d'expressions que Brienne a cru devoir expliquer que *crobylus* signifiait boucle de cheveux, etc.

53. Epithalamium ad eundem Meraldum. *Ode* XI, p. 155-158.

54. Ill° Domino D. Henrico de Maynier, baroni d'Oppede, etc., equiti torquato, etc, et in supremo Gallo-Provinciæ Senatu Proto-Præsidi, *panegyris lyrica*. *Ode* XII, p. 158-160.

Jacobi de la Fosse, lyricorum poetarum facile Principis Odæ variæ seu carminum liber IV.

55 à 60. Piis manibus Clariss. viri D. D. Gulielmi Cornuel, presbyteri, *superioris missionis Trecensis*, Threnodia, autore Petro de Vienne, domino de Trevilliers. Item, ad autorem plus æquo dolentem Odæ consolatoriæ, in quibus nonaulla ex mansueti stoa, ita deponuntur ut et ad mitigandum animi luctum, et ad singularem Cornuelis του Μακαριτου laudationem commode referantur, per Jac. de la Fosse, S. C. M.

Trecis, ex typographia Nicolai Oudot, MDCLXVI.

Brienne paraît avoir extrait de ce recueil imprimé, outre une *Oratio Dedicatoria*, adressée par Pierre de Vienne de Trévillers, à son frère « Ludovicus de Vienne, Regi à Consiliis, prætor in curia Trecensi integerrimus, D. D. de Girodot, etc. », six Odes de J. de la Fosse, consacrées à la mémoire de Guillaume Cornuel, p. 165-173.

61. Illustrissimo et excellentissimo viro D. D. Carolo Colbert[1], Regi ab omnibus consiliis, Libellorum supplicum magistro, dein Præsidi Infulato in Senatu Parisiensi, et Regi ab Actis et Epistolis, Legato extraordinario Pacis Proxenetæ et caduceatori, epicitharisma de Triumphali pace. *Ode* VII et ultima, p. 173-176. A la fin : Accinebat paci et optimo pacis caduceatori, Trecis an. 1668, sub finem autumni, J. d. L. F.

Voir nos 86 à 91, cinq Odes qui complètent ce livre.

62. Piis manibus Jacobi Phocæi P. C. M. seculi nostri poetarum facile principis. *Odarion*. Cette pièce, signée de Brienne, porte à la fin : Lazarianum. Lud. Hen. Lomenius Briennæ comes mærens canebat ipsis eidibus, januarii MDCLXXXI, p. 177-178.

Heroicorum liber unicus.

63*. Illustriss. ecclesiæ principi Stephano de Puget, Massiliensi episcopo, p. 181.

64*. Argumentum ex Divo Hyeronimo in vita S. Pauli eremitæ. Nicetas, *Carmen heroicum*, p. 182-190.

Brienne parle en ces termes (p. 16*) de cette pièce qui ne nous est pas pas conservée :

Physalis l'inimitable
Et ton brave Nicetas
Célèbre par les combats
D'une femme redoutable,
Ternissent même la fable,
Et son éclat merveilleux.
Quel archet plus glorieux
Flatta les fines oreilles ?

65. Clarissimo Viro Domino D. Jacobi de Rebuti, priori dignissimo inclytæ abbatiæ Sancti Victoris Massiliensis, nec non cæteris ejusdem asceterii laudatissimis viris..., *Carmen gratulatorium*, p. 191-195. — Daté : Cal. Jan. 1657.

66. Nobilissimo viro Balthazari de Vias, Regi à Consiliis, *Soterion*, p. 196-197.

67. In effigiem Henrici de Maynier, baroni d'Oppede, protopræsidis, *Distichon*, p. 197.

1. Charles Colbert, marquis de Croissy, né en 1625, mort en 1696, frère du grand Colbert.

68. Illustrissimo Domino Henrico de Maynier, baroni d'Oppede, domino de la Fare, comiti palatino, equiti torquato..., *Eucharistichon*, p. 198-202. — A la fin : Offerebant Patres Augustiniani discalceati Tarasconenses.

69. Illustrissimo principi ecclesiæ Stephano de Puget, Massiliensi episcopo[1], *Eucharistichon*, p. 202-205. — Mais le feuillet 205 manque, ainsi que les suivants.

70*. De nuptis Baltazari Viassi et Gabrielis Baumonticæ, *Carmen nuptiale*, p. 206-207.

71. Stibio et stibiatris, *Soterium*.

La table donne à ce poëme ce titre plus détaillé qui était peut-être transcrit sur le feuillet 217 manquant : Stibio et stibiatris soterium, seu Carmen Sospitale, in gratiam medicorum qui stibium sive antimonium venenis non esse accensendum, imo gravioribus morbis curandis idoneum, confirmarunt. *Lutetiæ Parisiorum*, 1659, p. 219-230.

72. A la suite de ce poëme, qui renferme soixante noms de médecins parisiens de cette époque, se trouve, sous le titre de *Soterii clavis*, une très courte notice sur chacun d'eux avec la traduction française de leurs noms, p. 231-234.

Cette pièce a été imprimée en effet sous ce titre à Paris en 1659, en une brochure in-4° de 24 pages et elle est mentionnée, parmi les anonymes, dans le *Parnasse Médical Français*, du docteur Achille Chéreau. — *Paris, A. Delahaye*, 1874, in-12, p. 19.

Chéreau indique, dans cette publication, un certain nombre de poèmes publiés sur le même sujet vers cette époque.

73. Physalis, sive Bulla, (*ou la bouteille de savon*). Illustrissimo ecclesiæ principi Stephano de Puget, episcopo Massiliensi, p. 235-249. — Entre la dédicace de J. de la Fosse et le poème se trouve la pièce suivante de Gassendi :

Ad autorem

Ex nihilo nihilum fieri, famosa Sophorum.
Gnoma fuit, sed tu vatum doctissime Fossa,
Ex nihilo speciosa natis miracula rerum.

P. Gassendus.

Epistolæ Duæ, stylo Horatiano.

74. *Caprice* à l'auteur en forme d'épitre impromptu, par Brienne, 1680, pièce de vers français, à laquelle nous avons emprunté déjà la tirade de Brienne contre les persécutions de sa famille, p. 252-255.

1. Evêque de Marseille, de 1644 à 1668.

75. Sur l'épître à M. Félix. *Quatrain*, signé B. (Brienne).

76. Clariss. virum Balthasarem de Vias, Regi à Consiliis, studiosissimum antiquitatis et poetam ardui volatus, salutat Jacobus de la Fosse, presbyter cong. miss. Nupenis et advena Massiliam, calendis Januariis anno 1637, p. 257-259.

77. Nobilissimo viro Ludovico de Felix, primi ordinis Legionis Reginæ præfecto, J. de la Fosse.— Epître latine, en prose, accompagnant la pièce suivante, p. 260.

78. Clariss. Viro D. D. Antonio de Felix, alias proto-consuli Massiliensi. De inopia et recenti ejus ad sacrum presbyteratus ordinem promotione, *Epistola*, p. 260-268.

79. In icones quas vir incomparabilis Joseph de Verner pinxit amico suo Eustachio Quinot, *Epigrammata nec non hypothyposis*. — Ce titre qui se trouvait au f° 268 est arraché, nous le restituons d'après la table.

Ce recueil commence par une dédicace à Verner ainsi conçue et qui fournit quelques détails utiles pour la biographie de cet artiste peu connu :

« Clariss. Viro D. D. Joseph de Verner, pictori excellentissimo historiæ, mythologiæ, architecturæ peritissimo, cujus penicillus in effingindis ad vivum humanis formis, in exprimendis omnigenis fructibus, et floribus, in adumbrandis nemorosis, et in rebus ad architecturam spectantibus ad admirabilitatem, genuinus, elegans delicatus, felix et expeditus, non modo toti Helvetiæ (quæ tali se jactat alumno) sed Germaniæ, Belgio, Imperio, Bataviæ, Italiæ, universæ Galliæ, tot editis industriæ suæ, et exaggeratæ scientiæ speciminibus adeo inclaruit; ut prioribus seculis ruborem, præsentibus invidiam, futuris desperationem creaverit, et injecerit. Hoc ce extemporalis quidem, et sequioris venæ, tamen ab ingenti et pictoris et picturæ amore professum, offert dicatque Eustachius Quinot, p. 271. »

Puis vient un *Elogium acrostichon* sur le nom de Joseph de Verner[1], p. 273 et à la suite treize pièces sur les tableaux de ce peintre qui faisaient partie de la collection de Quinot.

1. Joseph Werner, dit le jeune, peintre en miniature, né en 1637, mort en 1710, fut l'élève de son père et de Mathieu Mérian, le jeune. D'origine suisse, il fut appelé par Louis XIV en France et peignit un certain nombre de compositions dans lesquelles il sut apporter dans un cadre restreint, tout le mouvement, l'effet et l'expression des plus grandes compositions. Plusieurs de ses œuvres sont au Louvre et ont attiré l'attention de M. de Montaiglon, qui lui a consacré un article dans la *Revue Universelle des Arts*. Trompés par une similitude de noms, quelques-uns des écrivains qui en ont parlé en ont fait un ami du poète Philippe Quinault, et ont cru que c'était pour celui-ci qu'il avait exécuté les miniatures appartenant au collectionneur troyen Eustache Quinot, dont il est question dans les pièces que nous citons ici.

I

In iconem sancti Eustachii graphice depictam, in quà equus, canes, cervus et ipse venator ingenti prodigio attoniti non parvam Josepho de Verner laudem peperunt. *Epigramma.*

II

In Junonem elegantissimæ formæ admirabili Joseph de Verner penicillo. *Distichon.*

III

In eamdem ejusdem. *Distichon.*

IV

In Floram gestantem flores. *Epigramma.*

V

In Dianam à venatione bene auspicata recensem, et adhuc non sine decoro anhelam. *Epigramma.*

VI

In Palladem vultu cogitabundo inter medias artes depictam, ad cujus pedes caput Laocoonis; opus sane palmarium. *Epigramma.*

VII

In Cadmi Draconem faucibus unum, unguibus alterum abripientem, tam solerter depictum, ut totum ejus corpus e variis animalium venenis conflatum videatur. Opus immortalitate dignum. *Epigramma.*

VIII

In Reginam Dido accuratissime depictam. *Epigramma.*

IX

In miserrimam Dido, necem sibi in flammis gladio consciscentem. *Epigramma.*

X

In Artemisam insolabiliter gementem prope Mausoleum; una ex ancillis cineres mariti propinante. *Epigramma.*

XI

In Parnassum Josephi de Verner, stupendi laboris, industriæ supremæ opus; in qua omnes et Poësis et Picturæ delicias video. *Epigramma.*

XII

In Parnassum incomparabilem Josephi de Verner. *Hypotyposis.*

XIII

In Colisæum Romanum in quo Lepidæ admodum figuræ eximio pictore Josepho de Verner. *Carmen eucharisticon.*

80. In tabellas excellentissimi pictoris Iosephi de Werner ad nobilem et eximium virvm Evstachivm Qvinot. Apud quem illæ visuntur Trecis, Carmen. Trecis, apud Franciscvm Jacqvard, typographum D. Episc. in vico magno, sub signo D. Catharinæ. MDCLXVIII.

In quarto, imprimé de 22 pages, portant à la fin : Canebant Musæ Treco-pithæanæ Auctore P. I. Bahier, Orat. D. I. Sacerd., p. 285-306.

Brienne, dans une note mise au verso du titre, explique qu'il a placé la pièce de Bahier à la suite de celles de J. de la Fosse parce qu'elle a le même sujet. Jean Bahier, mort en 1707, est cité en outre comme auteur d'un poème sur Fouquet : *Fuquetius in Vinculis.*

Les sujets des compositions de Werner, au nombre de onze sont rappelés par des manchettes.

81. Jacobi de la Fosse, congr. mission. presbyteri, *Carmina Palinodica,* vulgo dicta *Palinods,* in immaculatum Deiparæ conceptum, p. 309-314.

I. Mopsus; II Pepo; III Simonides ex Tullio.

Brienne met à la fin la date des calendes de mars 1681, où il a achevé la copie de cette pièce.

82-85. Petri Danielis Huetii, serenissimo Delphino à studiis : Epiphora Idyllium, Cadomi 1654, in-4°; Vitis ogloga; Cadomi, 1653, in-4°; Ad ægidium menagium epistola s. l. n. d., in-8°; et Ad Ludovicum XIV. Ode, Parisiis, 1660 in-4°[1]. Adde, p. 315-316.

Brienne fait précéder ces quatre pièces imprimées de la note suivante :

Hos quatuor cultissimi ingenii fœtus ne pereant hûc attexere visum est, nec ingratum esse potest Fossæi Μακαριτου piis manibus tanti viri consortium.

86. Addenda ad Librum IV odarum Jacobi de la Fosse. In Truttam à R. P. Brissonio ad D. D. Barat[2], clarissimum medicum

1. Aux titres sommaires de Brienne, je substitue ceux de ces pièces de Huet.

2. Dans une note d'une autre pièce, Brienne qualifie Barat, « medicus Treconsis politioris literaturæ. »

dono missam. Extemporalis urbanitas ac festivas poetica. *Ode* VIII, p. 347-353.

87. R. P.e Alexi Brissonio, notissimæ facundiæ viro. *Eucharistichon*. Signé : I. Barat medicus, p. 354.

88. Clarissimo viro D. Barato, doctori medico. — Pièce latine de dix vers, signée : Alexis Brissonius, p. 355.

89. Clarissimo viro D. D. Jacobo Moireau, cong. Orat. presbyt. viro reconditioris Polymathiæ nec non amænioris Philologiæ, Rhetori multarum palmarum, poetæ felicissimi volatus, ac demum Præfecto in collegio Pithæo-Trocensi gratias refert poetice, ob pugillares affabre factas, J. D. la Fosse. *Ode extemporanea*, IX, p. 356-361.

90. Ad eundem R. P. I. Moireau. post mille exantlatos in augendo literarum patrimonio labores, defectum viribus, flaccescente in dies pulmone, ad Caprinum uber edactum consilio prudentissimi medici. *Liberalis jocus et poetica expostulatio. Ode* X, p. 361-364.

91. Ludrica Nænia in denatum felem. *Ode alcaica* et XIma.

92. Opusculum continens veram et graphicam descriptionem morbi D. Lamberti, cong. Miss. presbyt. et prosopopæiam missionis natos suos flentis et novissime Dominum Lambertum, authore J. de la Fosse, p. 371-380.

I. Mors Domini Lamberti elegiaco carmine celebrata.

II. Prosopopæia missionis interitus natorum suorum lugentis ac maxime Domini Lamberti, nuper in Polonia, summo bonorum omnium dolore ac desiderio erepti. *Carmen elegiacum*.

En marge se trouve une suite de mentions indiquant les noms français des personnages cités, qui comprend ceux de MM. de la Salle, de Sergis, Le Laboureur, Mestier, Moncuy[1], du Four, de Pille, Le Sage, Guerin, du Coudray, Gilles, des Champs, frère Hervy, Gondrée, Nacquart.

Brienne s'élève d'une manière véhémente, contre un annotateur du manuscrit de La Fosse, qui a osé dire que deux vers de cette pièce étaient *litura digni;* il termine sa copie : poematum quotquot hujusce (La Fosse) reperiri potuerunt », le XII kal. novembris, anni MDCLXXXXI[2].

A la suite, il donne encore cependant les pièces suivantes :

93. Tombeau en latin d'Adrien Le Bon, de Neufchâtel, en Nor-

1. Occidit et Cocti sortitus nomina Montis.

2. Nous avons déjà dit que ce devait être une erreur pour 1681.

mandie, prêtre, chanoine régulier de S. Augustin, mort à 74 ans, le 5 des ides d'avril 1651, p. 380.

C'est sans doute la copie d'une inscription qui se trouvait alors : « in æde S. Lazaris congregationis missionis Parisiis. »

94. R. P. Famiani Stradæ, Soc. Jesu citharædus et philomela, stilo Claudiano, p. 382.

95. Jacobi Sannazarii, *epigramma*, p. 382.

96. Caroli du Perrier, inscriptio Luparæ apponenda.

97. Inscriptio altera quæ legitur super portam Domus bellicæ vulgo L'arcenal, dictæ in urbe Parisiensi (par J. Auratus, ni fallor.)

98. Table, p. 383-387.

Arcis-sur-Aube. — Imp. Léon Frémont.

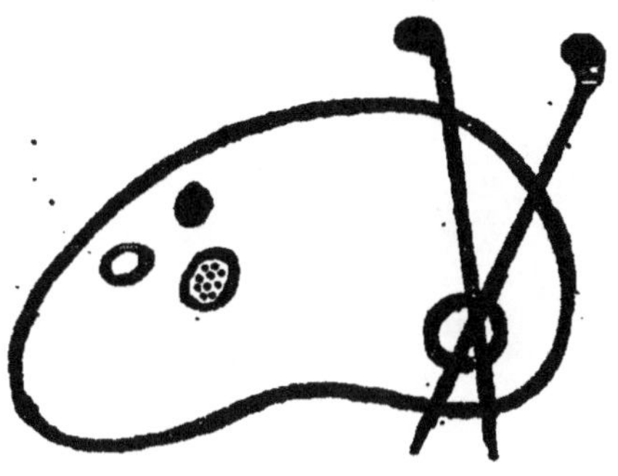

www.ingramcontent.com/pod-product-compliance
Lightning Source LLC
LaVergne TN
LVHW020456230826
846091LV00008BA/3227
9782016140215